Cabinet de feu M. SIMON

ESTAMPES & DESSINS

ORDRE DES VACATIONS

LA VENTE AURA LIEU

EN L'HOTEL DES COMMISSAIRES-PRISEURS

Rue Drouot, n° 5

SALLE N° 4

Le Lundi 10 Mars 1862 et les cinq jours suivants, à une heure et demie.

EXPOSITION PUBLIQUE

Le Dimanche 9 Mars 1862, de une heure à quatre heures.

Me DELBERGUE-CORMONT

Cre-PRISEUR

Rue de Provence, 8.

M. CLEMENT

Marchand d'Estampes de la Bibliothèque Impériale.

EXPERT

Rue des Saints-Pères, 3.

CONDITIONS DE LA VENTE

Elle sera faite au comptant.

Les acquéreurs paieront CINQ pour CENT, en sus des adjudications.

Les numéros pourront être divisés ou réunis selon les convenances de la vente.

M. CLEMENT, Expert, dirigeant la Vente, se charge des Commissions.

PREMIÈRE VACATION

Le Lundi 10 Mars 1862

ESTAMPES

70 — **Allais** (Jean-Alexandre). — La Réprimande.

71 — **Balechou** (Jean-Joseph). — Sainte Geneviève.

72 — Id. — La Tempête.

73 — **Bandet** (Étienne). — Diogène jetant son écuelle.

74 — **Beauvarlet** (Jacques-Firmin). — Télémaque dans l'île de Calypso.

77 — **Berghem** (Nicolas). — La Vache qui pisse (25).

78 — Id. — Les trois Vaches au repos. Épreuve de 2ᵉ état (3).

79 — Id. — Le Joueur de cornemuse (4).

80 — Id. — L'Homme monté sur l'âne (5).

81 — Id. — Le Pâtre jouant de la flûte (6).

82 à 85 Id. — Sujets d'animaux en largeur (13-16).

86 — **Bervic** (Charles-Clément). — Laocoon et ses enfants. Épreuve avant la lettre.

87 — Id. — L'Enlèvement de Déjanire. Épreuve avant la lettre.

88 — **Bléry** (E.-S.-A.). — Le Ruisseau de Senlisse, etc.

89 — Id. — Le Buisson aux deux arbres, etc.

90 — Id. — Motif pris au ravin de Sentisse, etc.

91 — Id. — Pièce ovale, etc.

92 — Id. — Le Paysage de Ruysdaël. Eau-forte pure ; il n'y a eu que trois épreuves. Avec la signature autographe de l'artiste.

93 — **Boissieu** (Jean-Jacques de). — Portrait de Boissieu, 1ᵉʳ état.

94 — Id. — Saint-Jérôme, etc.

95 — Id. — Promenade du Souverain-Pontife sur la Saône, etc.

96 — Id. — L'Ermitage adossé à des rochers, etc.

97 — Id. — Vieillard faisant l'aumône à une vieille femme, etc.

98 — Id. — La Leçon de botanique, etc.

99 — Id. — Vue d'Aquapendente, etc.

100 — Id. — Vue de l'île Barbe, sur la Saône, etc.

101 — Id. — Vue de l'Abresle, en Lyonnais, etc.

102 — Id. — La Grande forêt, etc.

103 — Id. — Le vieux Pont de pierre, etc.

104 — Id. — La Digue, etc.

105 — Id. — Vue d'une campagne pendant l'hiver, etc.

148 — **Durer** (ALBERT). — Jésus-Christ expirant sur la croix (24).

149 — Id. — La Face de Jésus-Christ (25).

150 — Id. — La Face de Jésus-Christ (26).

151 — Id. — La Trinité (27).

152 — Id. — L'Enfant prodigue (28).

271 — **Edelinck** (GÉRARD). — La Sainte-Famille (4). Épreuve avant les armes.

272 — Id. — La Famille de Darius (42). Épreuve du 2e état.

273 — **Flipart** (JEAN-JACQUES). — L'Accordée de Village, etc.

274 — **Garnier** (H.-L.). — La Mère convalescente, etc.

275 — **Gellée** (CLAUDE). — Le Bouvier (8). Épr. du 2e état, avec le no 4.

276 — Id. — Le Dessinateur (9).

276 bis Id. — La Danse au bord de l'eau.

277 — Id. — La Danse sous les arbres (10). Épreuve du 2e état, avec le no 6.

278 — Id. — Le Port de mer au fanal (9).

279 — Id. — Le Port de mer à la grosse tour (13).

280 — Id. — Le Pont de bois (14).

281 — Id. — Le Soleil couchant (15).

282 — Id. — Le Départ pour les champs (16).

283 — Id. — Le Chevrier (19).

284 — Id. — Le Temps, Apollon et les Saisons (20).

285 — Id. — Berger et Bergère conversant (21). 1er état.

286 — Id. — La même estampe. 2e état.

287 — Id. — L'Enlèvement d'Europe (22). 1er état.

321 — **Ostade** (ADRIEN VAN). — Premier portrait.

322 — Id. — Deuxième portrait.

323 — Id. — Troisième portrait.

324 — Id. — Portrait de la mère d'Ostade.

325 — Id. — Titre de l'œuvre gravé d'Adrien Van Ostade. 1re et 2e épreuves.

326 — Id. — Paysan avec une petite toque noire (1). 1re épreuve.

326 bis — Id. — La même estampe. 2e et 3e épreuves.

327 — Id. — Paysanne qui rit (2). 1re épreuve.

327 bis — Id. — La même estampe, 2e et 3e épreuves.

328 — Id. — Paysan avec un bonnet pointu (3), 1re épreuve.

328 bis — Id. — La même estampe, 2e épreuve.

328 ter — Id. — La même estampe, 3e épreuve.

328 quater Id. — La même estampe, 4e et 5e épreuves.

329 — Id. — Paysan qui rit (4). 1re épreuve.

329 bis — Id. — La même estampe, 2e épreuve.

329 ter — **Ostade** (Adrien Van). — Paysan qui rit, 3e épreuve.
329 quater — Id. — La même estampe, 4e épreuve.
329 quinter — Id. — La même estampe, 5e et 6e épreuves.
330 — Id. — Le Fumeur (5), 1re épreuve.
330 bis — Id. — La même estampe, 2e épreuve.
330 ter — Id. — La même estampe, 3e et 4e épreuves.
331 — Id. — Le Fumeur (6), 1re épreuve.
331 bis — Id. — La même estampe, 2e et 3e épreuves.
332 — Id. — Boulanger sonnant du cornet pour avertir ses pratiques (7), 1re épreuve.
332 bis — Id. — La même estampe, 2e et 3e épreuves.
332 ter — Id. — La même estampe, 4e et 5e épreuves.
333 — Id. — Le Vielleur (8), 1re épreuve.
333 bis — Id. — La même estampe, 2e et 3e épreuves.
334 — Id. — L'Homme appuyé sur le bas de sa porte (9), 1re épr.
334 bis — Id. — La même estampe, 2e et 3e épreuves.
334 ter — Id. — La même estampe, 4e et 5e épreuves.
335 — Id. — Le Fumeur à la fenêtre (10), 1re épreuve.
335 bis — Id. — La même estampe, 2e épreuve.
335 ter — Id. — La même estampe, 3e et 4e épreuves.
336 — Id. — La Tendresse champêtre (11), 1re épreuve.
336 bis — Id. — La même estampe, 2e épreuve.
336 ter — Id. — La même estampe, 3e et 4e épreuves.
337 — Id. — L'Homme et la femme causant ensemble (12), 1re ép.
337 bis — Id. — La même estampe, 2e épreuve.
337 ter — Id. — La même estampe, 3e épreuve.
337 quater — Id. — La même estampe, 4e, 5e et 6e épreuves.
338 — Id. — Les Fumeurs (13), 1re épreuve.
338 bis — Id. — La même estampe, 2e épreuve.
338 ter — Id. — La même estampe, 3e et 4e épreuves.
339 — Id. — La Mère et les deux Enfants (14), 1re épreuve.
339 bis — Id. — La même estampe, 2e et 3e épreuves.
340 — Id. — La Cruche vide (15), 1re épreuve.
340 bis — Id. — La même estampe, 2e et 3e épreuves.
341 — Id. — La Poupée demandée (16), 1re épreuve.
341 bis — Id. — La même estampe, 2e et 3e épreuves.
342 — Id. — L'École (17), 1re épreuve.
342 bis — Id. — La même estampe, 2e et 3e épreuves.
75 **Della Bella** (Étienne). — Son Œuvre, relié en 4 vol. in-fol., contenant 1,560 pièces, dont 360 doubles avec différences.
76 — Id. — Perspective du Pont-Neuf, 1er état.

DEUXIÈME VACATION

Le Mardi 11 Mars 1862

ESTAMPES

288 — **Ghisi** (GEORGES). — Le Jugement de Pâris (60).

299 — **Girard** (A.-F.). — Le Gage d'Amour, etc.

290 — **Girardet** (ABRAHAM). — L'Apothéose d'Auguste.

291 — **Gmelin** (G.-F.). — Le Temple de Vénus. Épreuve avant la lettre.

292 — **Goltzius** (HENRI). — La Vierge pleurant sur le corps mort de Jésus Christ (41).

293 — **Green** (VALENTIN). — Le Prophète Elie et le jeune Samuel.

294 — **Hackaert** (JEAN). — Son Œuvre en six pièces (1-6).

295 — **Hollar** (WENCESLAS). — La Cathédrale d'Anvers.

296 — Id. — La Cathédrale de Strasbourg.

297 — **Lucas de Leyde.** — La Conversion de saint Paul (107).

298 — Id. — Jésus-Christ présenté au peuple (71).

299 — Id. — Le Calvaire (74).

300 — Id. — Le Christ couronné d'épines (69).

301 — **Lignon** (ÉTIENNE-FRÉDÉRIC). — La Vierge au poisson. Épreuve avant la lettre.

302 — **De Marcenay** (ANTOINE). — Idée de la Gravure.

303 — **Marquet** (A.). — L'Ascension de N. S. J.-C., d'après le tableau du Pérugin (12 f. lith.).

304 — **Massard** (J.-B.-R.-U.). — Sainte-Cécile.

305 — **Masson** (ANTOINE). — Marin Cureau de la Chambre (24). 1er état.

306 — Id. — Guillaume de Brisacier (15). 1er état avant la lettre.

306 bis. — **Mercury** (PAUL). — Les Moissonneurs, épreuve d'artiste, sur papier de Chine.

307 — Id. — Portrait de Mme de Maintenon.

307 bis. — **Meryon** (CHARLES). — Eaux-fortes sur Paris (20 p.).

308 — **Millet** (J.-F.) dit Francisque. — Les deux Amants (1).

309 — Id. — Le Voyageur (2).

310 — Id. — Ville antique (3).

311 — **Morghen** (RAPHAEL). — La Cène. Épreuve avant la lettre; non terminée.

312 — Id. — La même estampe.

313 — **Muller** (FRÉDÉRIC). — Saint Jean.

314 — **Muller** (J.-G.) — La Mère Brigide, etc.

315 — **Naiwjncx**. — Première suite de huit estampes (1 à 8).

316 — Id. — Seconde suite de huit estampes (9 à 16).

317 — **Nanteuil** (ROBERT). — Anne d'Autriche (23). 1er état.

318 — Id. — Pompone de Bellièvre (37).

319 — Id. — Lamothe-Levayer (143). 1er état.

320 — Id. — Jean Loret (150).

153 — **Durer** (ALBERT). — Sainte Anne et la jeune Vierge (29).

154 — Id. — La Vierge aux cheveux longs, liés avec une bandelette (30).

155 — Id. — La Vierge à la couronne d'étoiles (31).

156 — Id. — La Vierge à la couronne d'étoiles et au sceptre (32).

157 — Id. — La Vierge aux cheveux courts, liés avec une bandelette (33).

158 — Id. — La Vierge allaitant l'Enfant-Jésus (34).

159 — Id. — La Vierge assise, embrassant l'Enfant-Jésus (35).

160 — Id. — La Vierge donnant le sein à l'Enfant-Jésus (36).

161 — Id. — La Vierge couronnée par un ange (37).

162 — Id. — La Vierge avec l'Enfant-Jésus emmailloté (38).

163 — Id. — La Vierge couronnée par deux anges (39).

164 — Id. — La Vierge assise au pied d'une muraille (40).

165 — Id. — La Vierge à la poire (41).

166 — Id. — La Vierge au linge (42).

167 — Id. — La Sainte-Famille (43).

168 — Id. — La Sainte-Famille au papillon (44).

169 — Id. — La Vierge à la porte (45).

170à174 — Id. — Les cinq Disciples de Jésus-Christ (46-50).

175 — Id. — Saint Christophe à la tête retournée (51).

176 — Id. — Saint Christophe (52).

177 — Id. — Saint Georges à pied (53).

178 — Id. — Saint Georges à cheval (54).

179 — Id. — Saint Sébastien attaché à un arbre (55).

180 — Id. — Saint Sébastien attaché à une colonne (56).

181 — Id. — Saint Eustache ou saint Hubert (57).

182 — Id. — Saint Antoine (58).

183 — Id. — Saint Jérôme (59).

184 — Id. — Saint Jérôme dans sa cellule (60).

185 — Id. — Saint Jérôme en pénitence (61).

186 — **Durer** (ALBERT). — Saint Jérôme (62).

187 — Id. — Sainte Geneviève (63).

188 — Id. — La Véronique (64).

189 — Id. — Le Jugement de Pâris (65).

232 — Id. — Caïn tuant Abel (1).

233 — Id. — Samson tuant le lion (2).

234 — Id. — L'Adoration des Rois (3).

235 — Id. — La Grande Passion de Jésus-Christ (4-15).

236 — Id. — La Petite Passion de Jésus-Christ (16-52).

237 — Id. — Jésus-Christ célébrant la Cène avec ses Apôtres (53).

238 — Id. — Jésus-Christ à la Croix (55).

239 — Id. — Jésus-Christ sur la Croix (56).

240 — Id. — L'Apocalypse de saint Jean (60-75).

241 — Id. — La Vie de la Vierge (76-95).

242 — Id. — La Sainte-Famille (96).

243 — Id. — La Vierge assise sur un banc de gazon (98).

244 — Id. — La Vierge assise (101).

245 — Id. — Saint Christophe traversant l'eau, etc. (103).

246 — Id. — Saint Élie, etc. (107).

247 — Id. — Saint Georges tuant le Dragon, etc. (111).

248 — Id. — Saint Jérôme dans une grotte, etc. (113).

249 — Id. — Huit saints debout, etc. (116).

250 — Id. — Un saint qui se mortifie, etc. (119).

343 — **Ostade** (ADRIEN VAN). — Le coup de couteau (18). 1re épreuve.

343 bis — Id. — La même estampe. 2e épreuve.

344 — Id. — Les Harangueurs (19). 1re épreuve.

344 bis — Id. — La même estampe. 2e épreuve.

344 ter — Id. — La même estampe. 3e et 4e épreuves.

345 — Id. — Gueux au dos courbé (20). 1re épreuve.

345 bis — Id. — La même estampe. 2e, 3e et 4e épreuves.

346 — Id. — Gueux debout, les mains derrière le dos (21). 1re épreuve.

346 bis — Id. — La même estampe. 2e, 3e, et 4e épreuves.

347 — Id. — Gueux enveloppé d'un manteau (22). 1re épreuve.

347 bis — Id. — La même estampe. 2e, 3e et 4e épreuves.

348 — Id. — La Grange (23), 1re épreuve.

348 bis — Id. — La même estampe. 2e épreuve.

348 ter — Id. — La même estampe. 3e épreuve.

348 quater — Id. — La même estampe. 4e, 5e et 6e épreuves.

349 — Id. — Homme et femme marchant ensemble (24). 1re épreuve.

349 *bis* — **Ostade** (Adrien Van). — La même estampe. 2e et 3e épreuves.
350 — Id. — Le Fumeur et le Buveur (24 *bis*). 1re épreuve.
350 *bis* — Id. — La même estampe. 2e et 3e épreuves.
350 *ter* — Id. — La même estampe. 4e et 5e épreuves.
351 — Id. — La Dévideuse à la porte de sa maison (25). 1re épreuve.
351 *bis* — Id. — La même estampe. 2e et 3e épreuves.
352 — Id. — Les Pêcheurs (26). 1re épreuve.
352 *bis* — Id. — La même estampe. 2e et 3e épreuves.
353 — Id. — Le Savetier (27). 1re épreuve.
353 *bis* — Id. — La même estampe. 2e épreuve.
353 *ter* — Id. — La même estampe. 3e et 4e épreuves.
354 — Id. — Trois figures grotesques (28). 1re épreuve.
354 *bis* — Id. — La même estampe. 2e, 3e et 4e épreuves.
355 — Id. — Le Marchand de lunettes (29). 1re épreuve.
355 *bis* — Id. — La même estampe. 2e et 3e épreuves.
355 *ter* — Id. — La même estampe. 4e et 5e épreuves.
356 — Id. — La Chanteuse (30). 1re épreuve.
356 *bis* — Id. — La même estampe. 2e épreuve.
356 *ter* — Id. — La même estampe. 3e et 4e épreuves.
357 — Id. — La Fileuse (31). 1re épreuve.
357 *bis* — Id. — La même estampe. 2e épreuve.
357 *ter* — Id. — La même estampe. 3e et 4e épreuves.
358 — Id. — Le Peintre (32). 1re épreuve.
358 *bis* — Id. — La même estampe. 2e épreuve.
358 *ter* — Id. — La même estampe. 3e épreuve.
359 — Id. — Le Père de famille (33). 1re épreuve.
359 *bis* — Id. — La même estampe. 2e et 3e épreuves.
360 — Id. — Le Bénédicité (34). 1re épreuve.
360 *bis* — Id. — La même estampe. 2e épreuve.
360 *ter* — Id. — La même estampe. 3e et 4e épreuves.

TROISIÈME VACATION

Le Mercredi 12 Mars 1862

ESTAMPES

379 — **Photographie.** — Pifferari, etc.

380 — **Piranesi** (J.-B.) — Recueil de dessins, etc.

381 — **Poilly** (FRANÇOIS). — La Vierge au berceau.

381 *bis* — ID. — La Vierge au linge.

382 — **Porporati** (CHARLES). — Suzanne au bain. Épreuve avant la lettre.

383 — ID. — Léda et Jupiter. Épreuve avant la lettre.

383 *bis* — ID. — Le Coucher. Épreuve avant la lettre.

834 — **Prix de Gravure** (Grands). — Figures académiques.

385 — **Prud'hon** (P.-P.). — Edouard surprend Stelline au bain.

386 — ID. — Le Bain.

387 — **Raimondi** (MARC-ANTOINE). — Le Massacre des Innocents (20).

388 — ID. — La Descente de croix (32).

389 — ID. — La Vierge au palmier (62).

390 — ID. — La Vierge assise sur des nuées (47).

391 — ID. — La Vierge assise sur des nuées (52).

392 — ID. — Le Martyre de sainte Félicité (117).

393 — ID. — Le Martyre de saint Laurent (104).

394 — ID. — La Cassolette (489).

395 — ID. — Le Jugement de Pâris (245).

396 — ID. — Vénus sortie du bain (297).

397 — ID. — Le Triomphe de Galathée (350).

398 — ID. — Le Jeune et le Vieux Bacchant (294).

399 — ID. — La Vendange (306).

400 — ID. — Les Grimpeurs (487).

401 — **Venitien** (AUGUSTIN). — Psyché servie dans le bain par des nymphes (237).

402 — **Ravenne** (MARC DE). — Le Sacrifice de Noé (4).

403 — **Raimondi** (MARC-ANTOINE). — Son Œuvre, photographié.

404	—	**Ransonnette** (Ch.). — Son OEuvre.
190	—	**Durer** (Albert). — Les trois Génies (66).
191	—	Id. — La Sorcière (67).
192	—	Id. — Apollon et Diane (68).
193	—	Id. — La Famille du Satyre (69).
194	—	Id. — Cinq études de figures (70).
195	—	Id. — L'Enlèvement d'Amymone (71).
196	—	Id. — Le Ravissement d'une jeune femme (72).
197	—	Id. — L'Effet de la jalousie (73).
198	—	Id. — La Mélancolie (74).
199	—	Id. — Le groupe des quatre Femmes nues (75).
200	—	Id. — L'Oisiveté (76).
201	—	Id. — La grande Fortune (77).
202	—	Id. — La petite Fortune (78).
203	—	Id. — La Justice (79).
204	—	Id. — Le petit Courrier (80).
205	—	Id. — Le grand Courrier (81).
206	—	Id. — La Dame à cheval (82).
207	—	Id. — Le Paysan et sa femme (83).
208	—	Id. — L'Hôtesse et le Cuisinier (84).
209	—	Id. — L'Oriental et sa femme (85).
210	—	Id. — Les trois Paysans (86).
211	—	Id. — L'Enseigne (87).
212	—	Id. — L'Assemblée des gens de guerre (88).
213	—	Id. — Le Paysan du marché (89).
214	—	Id. — Le Branle (90).
215	—	Id. — Le Joueur de cornemuse (91).
216	—	Id. — Le Violeur (92).
217	—	Id. — Les Offres d'amour (93).
218	—	Id. — Le Seigneur et la Dame (94).
219	—	Id. — Le Pourceau monstrueux (95).
220	—	Id. — Le petit Cheval (96).
221	—	Id. — Le grand Cheval (97).
222	—	Id. — Le Cheval de la Mort (98).
223	—	Id. — Le Canon (99).
224	—	Id. — Les Armoiries au Coq (100).
225	—	Id. — Les Armoiries à la tête de mort (101).
226	—	Id. — Albert de Mayence, vu de face (102).
227	—	Id. — Albert de Mayence, vu de profil (103).
228	—	Id. — Frédéric, électeur de Saxe (104).
229	—	Id. — Philippe Mélanchton (105).

230 — **Durer** (Albert). — Bilibald Pirkhenner (106).

231 — Id. — Erasme de Rotterdam (107).

251 — Id. — La Sainte Trinité, etc. (122).

252 — Id. — Le Jugement universel, etc. (124).

253 — Id. — Hercule, etc. (127).

254 — Id. — Un Homme à cheval allant au galop, etc. (131).

255 — Id. — Dessin du Rhinocéros (136).

256 — Id. — Le Siége d'une ville (137).

257 — Id. — Le Char triomphal de l'empereur Maximilien Ier (139).

258 — Id. — Dessins de broderies (140-145).

259 — Id. — Trois pièces pour la perspective de Paul Pfintzing (146-149).

260 — Id. — Imagines cœli septentrionalis, etc. (251).

261 — Id. — L'Empereur Maximilien Ier (154).

262 — Id. — Ulrich Varnbuler (155).

263 — Id. — Le même portrait. Épreuve en camaïeu.

264 — Id. — Albert Durer, vu de profil, etc. (156).

265 — Id. — Armoiries de la famille de Behem, etc. (159).

266 — Id. — Soli Deo gloria (170).

267 — Id. — Jésus-Christ à la croix, etc. (6).

268 — Id. — Sainte Barbe, etc. (24).

268 bis — Id. — OEuvre photographié d'ap. Albert Durer.

269 — **Dyck** (Antoine Van). — Le Christ au roseau.

270 — Id. — Le Titien considérant sa maîtresse.

495 — Id. — Franck (François). Épreuve avant la lettre, de 2e état.

496 — Id. — Oort (Adam Van). Épreuve avant la lettre. id.

497 — **Ficquet** (Etienne). Portrait de Mme de Maintenon.

361 — **Ostade** (Adrien Van). L'Épouilleuse (35). 1re épreuve.

361 bis — Id. — La même estampe, 2e épreuve.

362 — Id. — Le Rémouleur (36), 1re épreuve.

362 bis — Id. — La même estampe, 2e, 3e et 4e épreuves.

363 — Id. — L'Homme conversant avec la femme (37), 1re épreuve.

363 bis — Id. — La même estampe, 2e épreuve.

363 ter — Id. — La même estampe, 3e et 4e épreuves.

364 — Id. — Les Musiciens ambulants (38), 1re épreuve.

364 bis — Id. — La même estampe, 2e épreuve.

364 ter — Id. — La même estampe, 3e et 4e épreuves.

365 — Id. — Le Tric-Trac (39), 1re épreuve.

365 bis — Id. — La même estampe, 2e épreuve.

365 ter — Id. — La même estampe, 3e et 4e épreuves.

366 — Id. — Les deux Commères (40), 1re épreuve.

366 *bis* —	**Ostade** (ADRIEN VAN).	— La même estampe, 2e et 3e épreuves
367 —	ID.	— Le Charcutier (41), 1re épreuve.
367 *bis* —	ID.	— La même estampe, 2e épreuve.
367 *ter* —	ID.	— La même estampe, 3e épreuve.
367 *qter* —	ID.	— La même estampe, 4e, 5e et 6e épreuves.
368 —	ID.	— Le Paysan payant son écot (42), 1re épreuve.
368 *bis* —	ID.	— La même estampe, 2e épreuve.
368 *ter* —	ID.	— La même estampe, 3e et 4e épreuves.
369 —	ID.	— Le Charlatan (43), 1re épreuve.
369 *bis* —	ID.	— La même estampe, 2e épreuve.
369 *ter* —	ID.	— La même estampe, 3e, 4e et 5e épreuves.
370 —	ID.	— Le Joueur de violon bossu (44), 1re épreuve.
370 *bis* —	ID.	— La même estampe, 2e, 3e et 4e épreuves.
371 —	ID.	— Le Violon et le Vielleur (45), 1re épreuve.
371 *bis* —	ID.	— La même estampe, 2e épreuve.
371 *ter* —	ID.	— La même estampe, 3e et 4e épreuves.
372 —	ID.	— La Famille (46), 1re épreuve.
372 *bis* —	ID.	— La même estampe, 2e épreuve.
372 *ter* —	ID.	— La même estampe, 3e et 4e épreuves.
373 —	ID.	— La Fête sous la treille (47), 1re épreuve.
373 *bis* —	ID.	— La même estampe, 2e épreuve.
373 *ter* —	ID.	— La même estampe, 3e et 4e épreuves.
374 —	ID.	— La Fête sous le grand arbre (48), 1re épreuve.
374 *bis* —	ID.	— La même estampe, 2e et 3e épreuves.
375 —	ID.	— La Danse au cabaret (49), 1re épreuve.
375 *bis* —	ID.	— La même estampe, 2e et 3e épreuves.
376 —	ID.	— Le Goûter (50), 1re épreuve.
376 *bis* —	ID.	— La même estampe, 2e épreuve.
376 *ter* —	ID.	— La même estampe, 3e et 4e épreuves.
377 —	ID.	— Le Paysan qui pisse.
378 —	ID.	— Le Fumeur et la Fumeuse.

QUATRIÈME VACATION

Le Jeudi 13 Mars 1862

ESTAMPES

432 — **Rollet** (Madame). — Laurence dans la grotte des Aigles.

433 — **Rota** (MARTIN). — Dieu le Père soutenant le corps de Jésus-Christ (26).

434 — **Ruysdaël** (J.) — Le petit Pont (1)

435 — **Schongauer** (MARTIN). — La Mort de la Vierge (33).

436 — ID. — Saint Sébastien (60).

436 *bis* — **Strange** (ROBERT). Charles Ier. Epreuve avant la lettre.

437 — ID. — Henriette-Marie. Epreuve avant la lettre.

438 — **Swanevelt** (HERMAN). — Variæ Campestru, etc. (1-24).

439 — ID. — Paysage, sur une planche ovale (25).

440 — ID. — Paysage avec animaux (26-32).

441 — ID. — Les Satyres (33).

441 *bis* — ID. — Saint Jean-Baptiste dans le désert (34).

441 *ter* — ID. — Jésus tenté par le Démon (35).

442 — ID. — Diverses vues de Rome (36-48).

443 — ID. — Paysages ornés de Satyres (49-52).

444 — ID. — Diverses vues de Rome (53-65).

445 — ID. — Paysages ornés de sujets de l'Histoire Sainte (66-69).

446 — ID. — Pan et Syrinx (70).

447 — ID. — Vue de de l'isle Louvier (72).

448 — ID. — Vue du Palais d'Orléans (73).

449 — ID. — Vue de Gondy (74).

450 — ID. — La Nymphe de la Seine (75).

451 — ID. — Les Pêcheurs (77). Epreuve avant la lettre.

451 *bis* — ID. — La Fileuse et les quatre Bœufs (78). Epreuve avant la lettre.

451 *ter* — ID. — Les deux Cavaliers (79). Epreuve avant la lettre.

452 — ID. — Le Soir (81). Epreuve avant la lettre.

452 *bis* — ID. — Le petit Pont de bois (82). Epreuve avant la lettre.

453 — **Swanevelt** (Herman). — Différents paysages ornés de fabriques (83-94).

454 —   Id.   — Mercure imposant silence à Battus (95-96).

455 —   Id.   — La Fuite en Égypte (97-100).

456 —   Id.   — Histoire d'Adonis (101-106).

457 —   Id.   — Les Pénitents (107-110).

458 —   Id.   — Balaam (111). Première épreuve.

458 bis —   Id.   — La même estampe. Deuxième épreuve.

458 ter —   Id.   — La même estampe. 3e, 4e, 5e et 6e épreuves.

459 —   Id.   — Quatre paysages en hauteur (112-115).

460 —   Id.   — Le Chevrier au bord du ruisseau (116).

460 bis —   Id.   — Estampe représentant un Sarcophage, etc.

460 ter —   Id.   — Paysage au milieu duquel sont quatre personnages, pièce non décrite par Bartsch. (*Voir la description au catalogue Debois.*)

461 — **Vischer** (Corneille). — Portrait de l'homme aux pistolets. Epreuve du 2e état.

462 —   Id.   — La Fricasseuse. Epreuve avant l'adresse.

463 —   Id.   — Les Musiciens ambulants.

464 —   Id.   — La Tabagie, pièce dite les Patineurs. Epreuve avant toutes lettres.

465 —   Id.   — Gellius Bouma. Epreuve au livre blanc.

466 — **Vischer** (Jean). — La Couseuse. Epreuve avant la lettre.

467 —   Id.   — La Fileuse. Epreuve avant la lettre.

468 —   Id.   — Les quatre Heures du jour.

469 —   Id.   — Le Berger jouant de la musette, etc.

470 —   Id.   — L'Aumône, etc.

471 —   Id.   — Le vieux Pâtre, etc.

472 —   Id.   — Les deux Paysannes en voyage, etc.

473 —   Id.   — Le Berger près d'un pillier de pierre, etc.

474 — **Vosterman** (Lucas). — La Descente de Croix.

475 — **Waterloo** (Antoine). — Le Départ d'Agar, etc.

476 —   Id.   — La Place devant l'Auberge, etc. (95-106).

477 — **Wille** (Jean-Georges). — L'Instruction paternelle. Epreuve avant toutes lettres.

478 —   Id.   — Portrait du comte de Saint-Florentin.

479 —   Id.   — La Dévideuse, mère de Gérard Dow. Epreuve av. la lettre.

480 —   Id.   — La Liseuse. Epreuve avant la lettre.

481 —   Id.   — La Tricoteuse hollandaise. Epreuve avant la lettre.

482 —   Id.   — L'Observateur distrait. Epreuve avant la lettre.

483 —   Id.   — Le petit Physicien. Epreuve avant la lettre.

484 — **Woollett** (William). — Ruines d'édifices romains. Epreuve avant toutes lettres.

484 bis — Id. — La même estampe. Epreuve avec la lettre.

484 ter — Id. — Sous ce numéro seront vendus plusieurs lots de gravures.

405 — **Rembrandt** (Paul van Rhyn). Portrait de Rembrandt appuyé (21).

406 — Id. — Portrait de Rembrandt dessinant (22). Epreuve avant le paysage.

407 — Id. — Agar renvoyée par Abraham (17).

408 — Id. — Joseph racontant ses songes à sa famille (41).

409 — Id. — L'Annonciation aux bergers (48).

410 — Id. — Jésus-Christ chassant les vendeurs hors du temple (73).

411 — Id. — Jésus-Christ prêchant, ou la petite Tombe (71).

412 — Id. — Jésus-Christ guérissant les malades. (La pièce de cent florins) (78). 1er état de Bartsch.

413 — Id. — Les petits Disciples d'Emaüs (92).

414 — Id. — La mort de la Vierge (102).

415 — Id. — Mendiants à la porte d'une maison (173). —

416 — Id. — Vue d'Omval, près d'Amsterdam (206).

417 — Id. — Vue ancienne d'Amsterdam (207).

418 — Id. — Le Paysage aux trois arbres (209). —

419 — Id. — L'Homme au lait (210).

420 — Id. — Le Paysage aux trois chaumières (214).

421 — Id. — La Grange à foin (221).

422 — Id. — La Chaumière et la grange à foin (222).

422 bis — Id. — La Chaumière au grand arbre (223). —

423 — Id. — La Barque à la voile (225).

424 — Id. — La Chaumière entourée de planches (229).

425 — Id. — Le Moulin de Rembrandt (230).

426 — Id. — Le Paysage au bateau (233).

427 — Id. — Le paysage à la vache qui s'abreuve (234).

427 bis — Id. — Le même Paysage.

428 — Id. — Portrait d'Ephraïm Bonus, dit le Juif à la rampe (275).

429 — Id. — Portrait de Jean Sylvius (277).

430 — Id. — Portrait de Utenbogaerd (le Peseur d'or) (278). —

431 — Id. — L'Œuvre de Rembrandt, reproduit par la photographie.

CINQUIÈME VACATION

Le Vendredi 14 Mars 1862

DESSINS — N°ˢ 1 à 59

TABLEAUX, CHRIST EN IVOIRE & MEUBLES

N°ˢ 485 à 494

Un Tableau sur porcelaine, représentant une branche de rose, par Madame Alfred Girbaud.

Un beau Christ en bois de poirier sculpté, avec un cadre en bois sculpté.

SIXIÈME VACATION

Le Samedi 15 Mars 1862

LIVRES — N°ˢ 1 à 125

Renou et Maulde, Imprimeurs de la Compagnie des Commissaires-Priseurs, rue de Rivoli, 144.   8082